Die Schulen des Feng Shui

Ein Kundenratgeber und Leitfaden für Studierende

André Pasteur studierte in Zürich Pharmazie. Durch seine intensive Beschäftigung mit gesundheitlichen Themen wurde ihm immer mehr bewusst, wie wichtig das Umfeld für Körper und Geist ist. Mitte der 80er Jahre kam er durch den taoistischen Meister Mantak Chia in Kontakt mit Feng Shui. Seither hat ihn diese faszinierende Kunst der harmonischen Gestaltung von Räumen und Häusern nie mehr losgelassen. Er gründete 1996 Infis, das Institut für klassisches Feng Shui und chinesische Astrologie. Seit dieser Zeit arbeitet er selbständig als Feng Shui Lehrer und Berater. Seine Studien bei mehreren asiatischen Meistern haben ihn zu einem der führenden Experten im deutschsprachigen Raum gemacht. Mehr Informationen zu klassischem Feng Shui finden Sie unter www.infis.com.

Bibliografische Information der Deutschen Nationalbibliothek:
Die Deutsche Nationalbibliothek verzeichnet diese
Publikation
in der Deutschen Nationalbibliografie; detaillierte
bibliografische
Daten sind im Internet über http://dnb.dnb.de abrufbar.

Herstellung und Verlag:
BoD - Books on Demand, Norderstedt

ISBN: 978-3-7448-8579-9

Vorwort

Liebe Leserinnen und Leser

Feng Shui hat sich seit dem Anfang der 1990er Jahre im Westen stark verbreitet. Das Interesse am Gestalten einer harmonischen Wohn- und Arbeitsumgebung ist ungebrochen hoch. Dabei haben sich viele verschiedene Schulen und Lehrmeinungen etabliert, was es oft schwer macht, die richtige Feng Shui Beraterin oder den richtigen Berater zu finden. Wir wollen in dieser Wegleitung Informationen zu den verschiedenen Methoden bieten, die es ermöglichen, die für Sie richtige Beratung zu erhalten. Alle hier vorliegenden Informationen dienen auch dazu, den an Feng Shui Interessierten einen Leitfaden an die Hand zu geben, um die richtige Ausbildung zu finden.

Zuerst stellt sich die Frage, ob man Feng Shui im Original in westliche Kulturen übertragen kann, oder ob es nicht einer Anpassung bedarf. Wenn wir Feng Shui in Asien studieren, stellen wir fest, dass es sich in erheblichen Teilen von dem in Europa und Amerika unterscheidet. Ja, es ist sogar so, dass ein asiatischer Meister das, was man manchmal im Westen unter Feng Shui versteht, nicht nachvollziehen könnte. Er würde oft gar nicht verstehen, was da getan wird. Das ist schon Anlass, sich darüber einige Gedanken zu machen.

Warum ist das so? Der Grund liegt darin, dass Feng Shui nicht aus Asien zu uns gekommen ist, sondern aus Amerika. Dort lebte der Mönch und Feng Shui Meister Lin Yun. Er war der erste Lehrer, der Feng Shui in grossem Stil einem westlichen Publikum zugänglich machte. Dabei hat er es aber auch massiv verändert. Er hat die Kompass-Schule abgeschafft, also jede Arbeit mit dem chinesischen Kompass. Bei ihm gibt es nur die Formschule und eine Technik, die von einem hypothetischen Norden ausgeht, der immer an der Türe liegen soll. Dieses System wird von keinem namhaften chinesischen Meister verwendet, ja es ist in Asien vielen nicht mal bekannt. Dieses so veränderte und vereinfachte Feng Shui kam dann über

Amerika nach Europa und hat sich massenhaft verbreitet. Was nun? Wenn Sie eine Feng Shui Beratung bestellen oder ein Buch über Feng Shui lesen, dann werden Sie in den allermeisten Fällen kein klassisches Feng Shui aus Asien erhalten, sondern die Lin-Yun-Version. Dieses Schisma beschäftigt das Feng Shui im Westen seit nun bald 40 Jahren. Das wird sich wohl in nächster Zeit nicht ändern. Der Punkt ist, wenn Sie für Ihr Haus, Ihren Garten oder ein Neubauprojekt eine Feng Shui Beratung möchten, werden Sie häufig nicht das erhalten, was die asiatischen Meister unter Feng Shui verstehen, sondern etwas ziemlich anderes. Das ist recht verwirrend. Um Sie dabei zu unterstützen, für Sie die richtige Fachperson bzw. die richtige Ausbildung zu finden, habe ich mich entschieden, diesen Ratgeber zu schreiben. Darin finden Sie die Informationen, die Ihnen helfen, das klassische Feng Shui vom vereinfachten zu unterscheiden. Das klassische Feng Shui bietet viele Vorteile, von denen im Folgenden einige gelistet sind. Ich arbeite deshalb schon seit mehr als zwei Jahrzehnten erfolgreich damit. Auch wenn es bei uns untervertreten ist, handelt es sich um das Original aus Asien. Es ist mir ein Anliegen, dass Sie als Kundin und Kunde die für Sie richtige Methode finden. Dazu sollten Sie die Unterschiede kennen.

Welches sind nun die Stärken des klassischen Feng Shui?
- Arbeit mit den real existierenden Energien von Landschaften, Grundstücken und Gebäuden.
- Bezug zum Erdmagnetfeld und zu Zeitzyklen, die im vereinfachten Feng Shui nicht vorkommen.
- Niemand muss daran glauben. Alle Massnahmen wirken auch dann, wenn der Glaube fehlt oder verloren gegangen ist.
- Klassisches Feng Shui wirkt sogar dann, wenn nicht einmal bekannt ist, dass Feng Shui angewendet wurde; z.B. bei

nach Feng Shui geplanten Neubauten, bei denen dies nicht kommuniziert wird.

- Sehr detaillierte und umfassende Berechnungen der Energien zeigen die Stärken und Schwächen von Gebäuden auf. Mit klassischem Feng Shui können die Stärken betont und die Schwächen ausgeglichen werden.
- Es werden nicht nur Lebensbereiche analysiert, sondern auch die gesundheitlichen und psychischen Komponenten.
- Häufig werden die Feng Shui Massnahmen mit Hilfe der Astrologie individuell auf die Personen abgestimmt.

Zurück zu unserer eingangs gestellten Frage: Kann authentisches Feng Shui ohne Anpassung im Westen angewandt werden? Die Antwort gebe ich aus fast 30 Jahren Erfahrung in der Anwendung von klassischem Feng Shui. Am Anfang stand die Beobachtung von Energien. Man hat diese in Landschaften, in Gebäuden und in Menschen festgestellt. Die Beschreibung und Anwendung dieser Energien in Landschaften und Gebäuden hat das Feng Shui hervorgebracht. Die Energien im menschlichen Körper wurden in der chinesischen Medizin studiert. Zuerst ist also Energie. Danach folgen die Regeln und Strukturen, die diese beschreiben, so dass sie sich nutzen lässt. Diese Energie ist auf der ganzen Erde gleich. Ob Sie die Akupunkturmeridiane eines Chinesen, eines Amerikaners oder Italieners untersuchen, sie sind immer identisch, weil sie einem Grundprinzip des menschlichen Körpers entsprechen. Genauso verhält es sich im Feng Shui. Ob Sie die Landschafts- bzw. Gebäudeenergien in China, Amerika oder Europa studieren, Sie werden feststellen, dass sie sich immer gleich verhalten. Auch das ist ein Grundprinzip. Aus diesem Wissen heraus ist es sehr einfach, klassisches Feng Shui in einen anderen Kulturkreis zu übertragen. Was sich ändern kann und manchmal sogar muss, ist die Art, wie diese Energie beeinflusst wird. Wir können das Feng Shui eines Hauses z.B. mit

Elementen verändern. Diese lassen sich auch als Farben darstellen. So kommt man in China schnell auf die Idee, einen roten Lampion aufzuhängen, um das Feuer-Element darzustellen. Das tun wir im Westen eher nicht. Hier verwenden wir eher ein Bild mit vielen Rottönen. Am Ende ist die rote Farbe das Entscheidende. Ob wir ein asiatisches oder ein europäisches rotes Objekt verwenden, bleibt unserem ästhetischen Empfinden überlassen. Die zentrale Botschaft im klassischen Feng Shui ist: Es geht um die Energie von Gebäuden und Landschaften, die sich berechnen, qualifizieren und verändern lassen. Dies fällt in vereinfachten Systemen meist weg. Da geht es nur noch um psychologische Wirkungen, die mit dem eigentlichen Feng Shui wenig gemeinsam haben.

Am Ende dieses Büchleins finden Sie Fragen, die Sie einer potentiellen Beraterin oder einem Berater stellen können, um zu erkennen, welche Art von Feng Shui Ihnen angeboten wird. So erhalten Sie eine Übersicht über deren Fähigkeiten und Ausbildungsstand.

Ein weiterer Fragenkatalog dient dazu, das Angebot von Schulen kennen zu lernen. Falls Sie sich für eine Ausbildung interessieren, können Sie sich damit einen Überblick über die gelehrten Methoden verschaffen.

Mein Wunsch ist es, Ihnen, liebe Kundinnen und Kunden, liebe Studierende, die Informationen zu vermitteln, die Sie benötigen, um Feng Shui Beraterinnen und Berater und auch Ausbildungsstätten qualifizieren zu können. Wenn diese Schrift dazu beiträgt, sich im Dschungel der Angebote besser zurechtzufinden, dann hat sie ihren Zweck erfüllt.

Dieses Büchlein ist bewusst werbefrei, um eine grösstmögliche Neutralität zu garantieren.

Die verschiedenen Schulen des Feng Shui
Das vereinfachte Feng Shui nach Lin Yun

Bis weit ins 20. Jahrhundert hinein wurde Feng Shui geheim gehalten. Es wurde grundsätzlich nicht an Ausländer weitergegeben. Erst in den frühen 1980er Jahren entschloss sich der in Amerika lebende Feng Shui Meister Lin Yun auch westliche Schüler aufzunehmen. Er ging aber davon aus, dass diese die komplizierten Methoden des klassischen Feng Shui nicht würden erlernen können und entwickelte eine vereinfachte Version. Dies erzielte er dadurch, indem er die gesamte Kompass-Schule, also das Messen und Berechnen von Energiequalitäten, entfernte! Die beabsichtige Vereinfachung ist ihm meisterhaft gelungen. Feng Shui war nun massentauglich geworden. Er unterrichtete Zehntausende von Schülern. Die Lin-Yun-Methode eroberte im Laufe der 1990er Jahre die ganze westliche Welt. Sie wurde in Amerika und Europa zur Standard-Methode. In Asien ist diese Schule kaum verbreitet, es gibt keine bekannten Feng-Shui-Meister, die damit arbeiten.

Das vereinfachte Feng Shui konzentriert sich auf eine verkürzte Variante der Formschule, die teilweise mit dem klassischen Feng Shui identisch ist. In dieser Schule werden die Bewegung und die Menge der Hausenergien beurteilt und bei Bedarf verändert. Daneben verwendet es eine vereinfachte Form der Methode der acht Himmelsrichtungen, die aber nicht den tatsächlichen Himmelsrichtungen entspricht, wie das im klassischen Feng Shui der Fall ist, sondern sich an Eingangs- und Zimmertüren orientiert (das sogenannte Drei-Türen-Ba-Gua).

Die untenstehenden Tabellen zeigen, wie verschieden die Resultate beider Methoden sein können.

SE Geld	S Ruhm	SW Partner- schaft
E Eltern	Mitte	W Kinder Projekte
NE Wissen	N Karriere	NW Unter- stützung
Hausbereiche im klassischen Feng Shui nach Himmelsrichtungen angeordnet.		

Partner- schaft	Kinder Projekte	Unter- stützung
Ruhm	Mitte	Türe Karriere
Geld	Eltern	Wissen
Hausbereiche im vereinfachten Feng Shui nach der Haustüre angeordnet.		

Sie sehen, kein einziger Lebensbereich stimmt überein, die beiden Methoden kommen zu völlig verschiedenen Resultaten.

Das vereinfachte Feng Shui legt grossen Wert auf Symbole, weshalb es vorwiegend der psychologischen Ebene zuzuordnen ist. Ein Einfluss auf die Hausenergien ist nur im Bereich der Formschule gegeben. Die symbolischen Korrekturen sind mentale Projektionen, die stark vom Glauben abhängig sind. Deshalb kann man sagen, dass die Wirkung von Massnahmen im vereinfachten Feng Shui entweder rasch (innerhalb weniger Wochen) stattfinden, oder gar nicht. Denn je länger sich keine Wirkung einstellt, desto mehr schwindet der Glaube. Und wenn der Glaube weg ist, dann ist auch jede Wirkung weg.

Typisches Beispiel einer psychologischen Korrektur: Delfinbild in der Partnerschafts-Ecke, um eine Beziehung anzuziehen.

Volks-Feng-Shui

In Asien war Feng Shui über all die Jahrtausende nur für die mächtige und reiche Oberschicht zugänglich. Das einfache Volk hatte keinen Zugang zu diesem Wissen. Natürlich kursierten sagenhafte Geschichten über die aussergewöhnlichen Wirkungen. So kam es dazu, dass sich eine Art Volks-Feng-Shui entwickelte. Es gab gewisse einfache Methoden wie die Bestimmung von Glückstagen mit Hilfe der 28 Mondhäuser und später die Technik der günstigen und ungünstigen Himmelsrichtungen (Bā Zhái), die auch normalen Leuten zur Verfügung standen. Diese wurden in einem Volkskalender, dem Tōng Shèng oder Tōng Shū, jährlich veröffentlicht. Dieser Kalender erscheint auch heute noch jedes Jahr und wird in Hongkong in Zehntausenden von Exemplaren verkauft. Dieses Volks-Feng-Shui hat sich mit Religion, Magie und Symbolismus vermischt.

In dieser Schule gibt es viele Figuren von Heiligen und Göttern, von sagenhaften Wesen, die Glück bringen sollen, es gibt Glücksbäumchen, Reichtumsvasen und eine Unzahl von symbolischen Korrekturen. Hier ein kurzer und unvollständiger Überblick über die verschiedenen Glücks- und Schutzsymbole:

- Ru Yi: Entspricht unserem Zepter. Bringt Glück und Macht.
- Wu Lou: Kalebasse. Dient dazu, das Glück zu bewahren.
- Jing Se Da Xiang: Ein goldener Elefant als Schutz vor Krankheiten.
- Lung Huang: Eine Metallglocke, um üble Energie zu vertreiben.
- Cai Shen Ma: Goldene Kröte für Glück und Geld.
- Pai Nan Jie Fen: Ein roter Glücksknoten gegen Streit und Gerichtsfälle.
- Si Bo Zhi: Vier lachende Buddhas als Glücksbringer.
- Yi Yuan Fu: Ein Liebestalisman.
- Tao Hua: Ebenfalls ein Liebestalisman.
- Pi Yao: Schutz und Reichtum.
- Chi Lin: Glück und Reichtum.

- Fu Lu Shou: Drei Weise. Fu bringt Glück und Harmonie, Lu bringt Autorität, Macht und Reichtum, Shou bringt Gesundheit und ein langes Leben.

All diese Symbole werden nach genauen Regeln im Haus platziert. Einige müssen jedes Jahr an anderen Orten aufgestellt werden. Diese Symbole wirken nur auf der psychologischen Ebene, sie haben keinerlei Einfluss auf das Energiefeld des Hauses. Das heisst nicht, dass sie nun alle unwirksam sind. Wer daran glaubt, aktiviert starke Kräfte im Unterbewusstsein. Durch den Glauben an diese Symbole werden sie mit menschlicher Energie aufgeladen, was ihre Wirkung erklärt. Sollte nach einiger Zeit keine Wirkung eintreten, so lässt der Glaube daran nach, und damit schwindet auch die Wirkung. In Asien wird diese Schule oft mit Religion verbunden. Es werden besonders gerne Figuren von Buddhas oder daoistischen Meistern benutzt, die durch den religiösen Kontext bei der asiatischen Bevölkerung viel Vertrauen geniessen. Diese Schule wurde über Lillian Too auch in Europa recht bekannt. Im Internet finden sich einige Anbieter, die die hier notwendigen chinesischen Symbol-Figuren verkaufen. Dieses Feng Shui lässt sich kaum in westliche Kulturen übertragen, da uns die Symbolik weitgehend unbekannt und fremd ist. Dennoch wird es in Europa häufig genutzt, indem einfach die Symbole ausgetauscht werden. Statt chinesischer Gottheiten finden wir nun Engelfiguren, Delfine, kopierte Geldscheine, Geldbäumchen und andere Symbole aus der westlichen Kultur. Natürlich findet auch hier die Wirkung nur auf der psychologischen Ebene statt.

Glücksbringer für das Volks-Feng-Shui

Das klassische Feng Shui

Die Methoden des klassischen Feng Shui

Im klassischen Fēng Shuǐ gibt es die Formschule (Xíng Shì Pài) und die Kompass-Schule (Lǐ Qì Pài). Die Formschule beurteilt die Bewegung und die Menge der Energie in Landschaften und Gebäuden und zeigt Methoden auf, wie diese Parameter optimiert werden können.

Die Kompass-Schule misst und berechnet Energien. Sie zeigt, welche Stärken und Schwächen in den Energiemustern vorliegen, und wie diese positiv beeinflusst werden können.

Die Formschule ist in Asien auch unter dem Namen Luán Tóu bekannt. Luan heisst Bergkette und Tou bedeutet Kopf. Im übertragenen Sinne könnte man das als die Bergspitzen-Schule bezeichnen.

Es gibt zwei Bereiche der Formschule:

- Dà Luán Tóu (die grossen Bergspitzen): Das Landschafts-Feng-Shui zur Analyse der Umgebung bei Neubauten und im Garten.
- Xiǎo Luán Tóu (die kleinen Bergspitzen): Formschule für das Innere des Hauses.

Die Kompass-Schule ist nochmals unterteilt in zwei Richtungen: Sān Hé (drei Harmonien) und Sān Yuán (drei Zeitperioden).

Sān Hé arbeitet vor allem mit den äusseren Faktoren der Landschaft in Bezug auf Richtungen und Qualitäten von Bergen, Gewässern und Strassen. Es gibt kaum Formeln, die auch im Innern des Hauses gelten. Hier finden wir die Wasserdrachen-Formeln, für die Sān Hé recht bekannt wurde. Aber auch die Beurteilung von Bergen und Hügeln spielt hier eine grosse Rolle. Diese Schule legt weniger Gewicht auf zeitliche Abläufe, sondern mehr auf die vorhandenen formalen Gegebenheiten. Sie wird im Westen weniger häufig angewendet, weil sie kaum Korrekturen zulässt. Für

Grossprojekte, Neubauten und Feng Shui Gärten ist die Sān Hé Schule sehr wirksam.

Sān Yuán, die zweite grosse Gruppe der Kompass-Methoden, legt grossen Wert auf Zeitzyklen. So ist keine Energie für immer gleich gut, sondern sie wandelt sich im Laufe der Zeit. Sān Yuán hat den Vorteil, dass es viele Anwendungen im Innern des Hauses gibt. Deshalb wird es im Westen viel häufiger angewendet.

Von den bisher vorgestellten Methoden ist das klassische Feng Shui die einzige, die tatsächlich die Hausenergien zu verändern vermag. Mit Hilfe von genau berechneten Energiemustern kann erkannt werden, welche Massnahmen im Haus gesetzt werden können, um günstige Energien zu aktivieren und ungünstige abzuschwächen. Natürlich ist der psychologische Effekt ebenfalls gegeben. Doch es gibt einen energetischen Unterbau, so dass die Wirkung auch dann noch anhält, wenn der Glaube schon geschwunden ist. Klassisches Feng Shui hat schon so manchen Skeptiker überzeugt. Nicht selten interessiert sich bei Paaren nur eine Person für eine Hausberatung. Nachdem die Feng Shui Massnahmen umgesetzt wurden, stellt auch die skeptische Person die positive Wirkung fest, obwohl sie vorher überhaupt nicht daran geglaubt hat.

Professionell ausgebildete Feng Shui Beraterinnen und Berater erkennen Sie oft daran, dass sie einen chinesischen Kompass (Luó Pán) verwenden. Dies ist zwar nicht zwingend notwendig, da alle Messungen auch mit einem westlichen Kompass durchgeführt werden können. Doch ist es immer ein gutes Zeichen, wenn die Handhabung eines solchen Luó Pán bekannt ist. Ein solches Gerät ist weder dem vereinfachten noch dem Volks-Feng-Shui eigen.

Chinesischer Kompass Luó Pán als typisches Gerät des klassischen Feng Shui

Die meisten Beraterinnen und Berater, die klassisches Feng Shui anbieten, beherrschen auch Techniken zur Termin-berechnung und die chinesische Astrologie.

Überblick klassisches Feng Shui

Klassisches Fēng Shuǐ
Formschule: Xíng Shì Pài
Bewegung und Menge von Energien

Dà Luán Tóu	**Xiǎo Luán Tóu**
Landschafts-Analyse für Neubauten und Gärten. Die Formen von Bergen und Gewässern. Die Formen in der Umgebung des Gebäudes.	Analyse von Formen im Innern des Hauses.

Kompass-Schule: Lǐ Qì Pài
Qualität von Energien

Sān Hé Kompass-Schule	**Sān Yuán Kompass-Schule**
Betont die Landschaft, wenig Anwendungen im Innern des Hauses, Zeitfaktor sekundär. Feng Shui für Neubauten und Gärten.	Betont die Zeitzyklen, viele Anwendungen im Innern des Hauses. Feng Shui für bestehende Gebäude und für Neubauten und Gärten.

Terminberechnungen (Zé Rì)
Die Berechnung von Zeitpunkten für Feng Shui Massnahmen und wichtigen Anliegen

Chinesische Astrologie (Bā Zì Mìng Lǐ)
Individuelle Abstimmung der Feng Shui Massnahmen

Die Berechnungsmethoden im klassischen Feng Shui

Hier finden Sie einen Überblick. Die einzelnen Methoden werden weiter hinten näher erläutert.

1 Sān Hé Kompass-Schule

- Die Formeln für die Berechnung von Bergenergien und Steinsetzungen im Garten (Shān Lóng)
- Die Formeln für die Berechnung von Gewässern und Wassersetzungen im Garten (Shuǐ Lóng)

2 Sān Yuán Kompass-Schule

- Die Schule der acht Trigramme (Bā Guà)
- Die Schule der Fliegenden Sterne (Xuán Kōng Fēi Xīng)
- Die Schule der acht Häuser (Bā Zhái)
- Die Schule der 64 Hexagramme (Xuán Kōng Dà Guà)
- Die Schule des direkten und indirekten Geistes (Zhèng Shén Líng Shén)

3 Terminberechnungen (Zé Rì)

4 Chinesische Astrologie (Bā Zì Mìng Lǐ)

Kān Yú: Das spirituelle Feng Shui

Eine vierte Form des Feng Shui ist Kān Yú. Dies ist spirituelles Feng Shui, das heisst, man arbeitet mit den Energien auf der geistigen Ebene. Hierher gehören Hausreinigungs- und Räucherrituale, die Gebäude und Personen von energetischen und spirituellen Belastungen sowie Wesenheiten befreien. Diese Form des Feng Shui wird in Asien meist nicht von Feng Shui Meistern ausgeführt, sondern von Mönchen. Sie ist aber mindestens genauso wichtig. Wenn ein Haus auf den geistigen Ebenen belastet ist, wirken die Feng Shui Massnahmen oft nicht so gut. Sie können ihre Wirkung in diesen Fällen nicht richtig entfalten. So ist manchmal erst eine energetische und spirituelle Klärung des Gebäudes (Space Clearing) notwendig, bevor die anderen Ebenen des Feng Shui eingesetzt werden können. Auch Menschen können von solchen feinstofflichen Belastungen betroffen sein. Hier gilt Ähnliches. Wenn solche Belastungen vorliegen, reagieren die Menschen träge oder gar nicht auf die Feng Shui Massnahmen. Hier sollten zuerst diese Belastungen geklärt werden (Aura Clearing).

Noch eine Bemerkung zum Namen Kān Yú. Hier wurde dieser Name in einem nicht ganz traditionellen Sinn verwendet. Eigentlich hiess Feng Shui zuerst Kān Yú. Damit war jede Form des Feng Shui gemeint, auch die oben erwähnten Form- und Kompass-Schulen. Erst als ca. 300 AD der berühmte Feng Shui Meister Guō Pū sein Buch der Gräber publizierte, wurde das von ihm verwendete Wort Feng Shui populär. Wir verwenden in diesem Buch den alten Namen nur noch im Zusammenhang mit spirituellem Feng Shui.

Räuchergefässe für Haus- und Aurareinigungen

Mischformen

Im Westen etablierte sich vor allem das vereinfachte Feng Shui nach Meister Lin Yun. Es ist sehr weit verbreitet. Die Mehrzahl der hier arbeitenden Feng Shui Beraterinnen und Berater verwenden diese Methode. Doch ab Mitte der 90er Jahre gelangte durch Lehrer wie Roger Green und Raymond Lo, später auch durch Yap Cheng Hai, Joseph Yu, Joey Yap und andere das klassische Feng Shui zu uns. Im Laufe der Zeit entstanden dadurch Mischformen. Manche Schulen unterrichten das vereinfachte Feng Shui und legen dann Teile des klassischen Feng Shui darüber.

Lillian Too hat klassisches Feng Shui mit Volks-Feng-Shui verbunden, und lehrt diese Mischform in vielen Kursen und Büchern.

Hier stellt sich die Frage, ob es sinnvoll ist, die Methoden zu mischen. Klassisches Feng Shui ist in sich vollständig und eignet sich für jede Art von Beratung. Warum sollte es mit vereinfachtem Feng Shui vermischt werden? Der Grund ist einfach: Klassisches Feng Shui ist komplex und benötigt einen hohen Zeitaufwand, um es zu erlernen. Da bot es sich an, die vereinfachte Methode von Lin Yun als Basis zu nehmen, und dann einige, meist ebenfalls vereinfachte klassische Methoden dazu zu geben. So konnte das Curriculum der Schulen erweitert werden, ohne die Studierenden mit zu komplexen Berechnungen und Analysen zu belasten. Natürlich stellt sich auch hier die Frage, ob das überhaupt sinnvoll ist. Die Vereinfachung macht Feng Shui massentauglich, das ist die gute Seite dieser Mischformen. Jeder kann es mit geringem Aufwand erlernen. Doch es gibt auch eine Schattenseite dieser Vorgehensweise.

Was würden Sie sagen, wenn jemand z.B. die Elektrotechnik aus dem Grund so vereinfachen würde, dass sie jeder erlernen kann? Würden dann Ihre Leitungen wirklich Strom führen und wären sie sicher? Da ist es doch besser, wenn zwar nicht jeder Elektrotechnik studieren kann, aber die, die es können, dafür gut ausgebildet und fachlich kompetent sind. Wäre das nicht für Feng Shui auch wünschenswert? Möchten Sie nicht auch lieber von einer kompetenten und gründlich ausgebildeten Person beraten werden, wenn es um die Energien Ihres Lebensumfeldes geht?

Alle Feng Shui Varianten im Überblick

Vereinfachtes Feng Shui nach Lin Yun	Volks-Feng-Shui	Klassisches Feng Shui	Spirituelles Feng Shui	Mischformen
Knapp 50 Jahre alt, in Amerika entstanden. Formschule entspricht teilweise den klassischen Grundlagen. Keine Himmels-richtungen, dafür starke Betonung von psychologischen Korrekturen. Kein Messen und Berechnen von Energien.	Lange Tradition. Verbindung zu Religion, Magie und Aberglaube. Nur psycho-logische Korrekturen.	Lange Tradition. Das Feng Shui der Meister. Form- und Kompass-Schule, arbeitet mit Himmels-richtungen. Misst und berechnet Energien.	In Asien eher von Mönchen oder Priestern ausgeübt. Sehr lange Tradition, geht zurück auf den Schaman-ismus.	Viele Varianten, Mix aus verschiedenen Feng Shui Formen. Arbeitet zum Teil mit klassischen Techniken, meist vereinfacht, vermischt mit psychologischen oder religiös-magischen Methoden.

Was ist Feng Shui?

Nun haben Sie einen Überblick über die verschiedenen Schulen. Doch was ist Feng Shui eigentlich? Auch darüber gibt es viel Unkenntnis und viele verschiedene Meinungen. Sehen wir uns eine Definition an:

Feng Shui ist die Methode, Orte zu finden mit besonders viel günstiger Energie, und Gebäude so zu bauen, dass sie eine maximale Menge dieser guten Energie aufnehmen können. Ebenfalls können Häuser, die nicht nach dieser Methode gebaut wurden, analysiert und mit Hilfe verschiedener Massnahmen energetisch verbessert werden. Gutes Feng Shui verbessert das Leben der Menschen auf allen Ebenen.

Die falschen Vorstellungen über Feng Shui beginnen schon ganz am Anfang. Die meisten Kunden glauben, Feng Shui sei eine Art energetische Innenarchitektur. Es würde dabei vor allem um Möbelstellungen und Farbgestaltung gehen. Da zäumen wir das Pferd vom Schwanz her auf! Feng Shui bestand in seinen Anfängen darin, ein geeignetes Gelände für ein neues Gebäude oder eine Grabstätte zu finden. Dann wurde die Ausrichtung des Hauses bzw. des Grabsteines bestimmt, die in bestmöglicher Harmonie mit den Energien der Landschaft stand. Bei Häusern wurde ein Design gewählt, das eine harmonische Verteilung der vom Haus aufgenommenen Energien gewährleistete. Möbelstellungen und Farbgebung kamen erst ganz zum Schluss. Die eigentliche Arbeit des Feng Shui Beraters bestand darin, ein energetisch gutes Stück Land zu finden und das Haus so auszurichten, dass es harmonisch mit der Landschaft interagierte.

Mit der zunehmenden Bevölkerung wurde es immer schwieriger, für jede Familie solche Grundstücke zu finden. Nur noch die Oberschicht verfügte über die Ressourcen, dieses Feng Shui zu verwenden. Für die Menschen in der Stadt wurde es immer wichtiger, bestehende Gebäude zu verbessern. So entstanden nach und nach die Regeln für die Beurteilung und Aufwertung von Gebäuden, die nicht nach Feng Shui gebaut wurden.

Wenn Sie also einen Neubau planen, wäre es am besten, wenn Sie schon bei der Auswahl des Grundstücks eine Feng Shui Beraterin oder einen Berater hinzuzuziehen. Achten Sie dabei darauf, dass die gewählte Person im klassischen Feng Shui ausgebildet ist, denn nur dieses verfügt über die notwendigen Methoden, Neubauten zu planen. Mit dem vereinfachten oder dem Volks-Feng-Shui ist dies nicht möglich, auch wenn es immer wieder versucht wird. Bestehen Sie auf die Bauplanung nach klassischem Feng Shui. Nur so erhalten Sie ein Haus, das sich harmonisch in die Landschaft einfügt, und das in der Lage ist, die Naturenergien aufzunehmen. Wie bereits erwähnt, ist das klassische Feng Shui im Gegensatz zu den anderen Methoden in der Lage, Energiequalitäten zu messen und zu berechnen.

Die verschiedenen Beratungsformen
Beratungen für bestehende Gebäude
Ich gestalte das Innere des Hauses

Die Berechnungen im klassischen Feng Shui sind umfangreich und zeitintensiv. Sie können damit rechnen, dass eine durchschnittliche Beratung einer Wohnung von 100 m2 mit vier Personen etwa zwei volle Arbeitstage in Anspruch nimmt. Dass eine solche umfassende Analyse etwas teurer ist, lässt sich kaum vermeiden. Es hängt davon ab, welchen Anspruch Sie selbst haben. Möchten Sie eine Beurteilung Ihrer Wohnung, Ihres Hauses oder Ihrer Firma, die alle Energieebenen umfasst, oder reicht Ihnen ein vereinfachter Überblick? Möchten Sie das chinesische Original, oder eine vereinfachte Version davon? Das ist ganz alleine Ihre Entscheidung. Es ist vor allem wichtig, dass Sie wissen, dass es verschiedene Systeme gibt.

Die Anwendung des klassischen Feng Shui erkennen Sie daran, dass kaum Symbole verwendet werden. Und wenn, dann werden sie meist zusätzlich zu anderen Massnahmen eingesetzt. Eine Ausnahme bilden Energiesymbole wie die Blume des Lebens, das Tai Ji und andere. Diese haben eine eigene Wirkung, sie sind also nicht vom Glauben abhängig. Sie erzeugen ein Energiefeld, das bei rein psychologischen Symbolen nicht vorhanden ist.

Blume des Lebens

Tai Ji

Sie erkennen das vereinfachte Feng Shui auch daran, dass oft von «Ecken» gesprochen wird. Bekannt sind die Reichtums-Ecke und die Beziehungs-Ecke. Diese gibt es so im klassischen Feng Shui nicht. Natürlich gibt es Hausbereiche, die dem Reichtum bzw. der Beziehung zugeordnet sind. Diese werden aber mit den Himmelsrichtungen bezeichnet und liegen nicht immer in Ecken. Wir sprechen dann eher von einer Südost- oder einer Südwest-Energie, oder von einem Reichtums- oder Beziehungsbereich im Haus.

Wie läuft eine klassische Feng Shui Beratung ab?

Eine Beratung nach klassischem Feng Shui umfasst meist zwei bis drei Besuche vor Ort.

Erste Phase: Am ersten Besuch werden die Themen besprochen, die mit Feng Shui bearbeitet werden sollen (sogenannte Themenliste). Danach wird das Haus besichtigt und mit dem Kompass ausgemessen.

Zweite Phase: Nun folgen umfangreiche Berechnungen und Analysen, die im Büro des Beraters oder der Beraterin erfolgen.

Dritte Phase: Am zweiten Besuch werden die Resultate vorgestellt und mit den Kunden diskutiert.

Ev. vierte Phase: Manche Beraterinnen bzw. Berater kommen sogar ein drittes Mal, um die Umsetzung zu überprüfen.

A Die Grundtechniken
Formschule
Xíng Shì Pài: Die Formschule:
- Dà Luán Tóu: Die Formen in der Landschaft
- Xiǎo Luán Tóu: Die Formen im Innern des Hauses

Die Formschule bildet das Fundament jeder Feng Shui Beratung. Sie ist auch im vereinfachten Feng Shui bekannt und stimmt teilweise mit den klassischen Methoden überein. Hier geht es darum, die Formen der Umgebung und im Innern des Hauses zu beurteilen. Im klassischen Feng Shui sprechen wir von «Shà Qì», also von Störenergie, wenn die Formen disharmonisch sind. Der übliche Katalog solcher disharmonischen Formen umfasst ca. 60 Kategorien, die der Berater bzw. die Beraterin kennen sollte. Es gibt viele verschiedene Möglichkeiten, diese Störenergien zu harmonisieren oder sich davor zu schützen. Ihr Berater, Ihre Beraterin werden Sie darüber informieren.

Acht Trigramme
Bā Guà: Die Schule der acht Himmelsrichtungen

Diese Methode gibt es auch im vereinfachten Feng Shui nach Lin Yun. Sie wird da jedoch nicht nach den Himmelsrichtungen, sondern nach den Türen ausgerichtet. So ergeben sich im Haus «hypothetische Himmelsrichtungen», die nicht dem Verlauf des Erdmagnetfeldes entsprechen. Im klassischen Feng Shui werden die tatsächlichen Richtungen verwendet. Hier liegt der Norden wirklich dort, wo die Richtung Norden ist. Ausserdem finden wir im vereinfachten Feng Shui nur die Lebensbereiche. Im klassischen Feng Shui werden auch gesundheitliche und psychologische Zuordnungen verwendet. So ist z.B. der Norden nicht nur der Karriere zugeordnet, sondern auch den Nieren und der Angst.

Diese Methode ermöglicht uns, den Hausgrundriss zu beurteilen. Bei unregelmässigen Formen entstehen energetisch unterversorgte Bereiche, die sich in Themen der

Bewohner äussern. Diese werden mit verschiedenen Massnahmen ausgeglichen. Wichtig ist, dass wir hier Himmelsrichtungen beurteilen können, aber nicht Räume. Das heisst, diese Methode ermöglicht uns die Beurteilung der Richtungsenergien im Haus, sie gibt uns aber keine Hinweise auf die Raumenergien. Deshalb resultieren aus dieser Technik keine Ratschläge für Bett- oder Schreibtischstellungen im Haus.

Das vereinfachte Feng Shui erkennen Sie oft daran, dass viele Symbole verwendet werden. So kann ein vergrösserter kopierter Geldschein für den Reichtums-Bereich vorgeschlagen werden, Delfine oder Mandarin-Enten für die Beziehung, Hufeisen für Glück, usw. Das alles sind Symbole, die nur auf der psychologischen Ebene wirken. Sie wirken so lange, wie Sie daran glauben. Schwindet der Glaube, ist die Wirkung weg. Im klassischen Feng Shui werden andere Massnahmen verwendet. Diese wirken auch dann, wenn Sie nicht daran glauben.

Fliegende Sterne

Xuán Kōng Fēi Xīng: Die Schule der Fliegenden Sterne

Dies ist die wichtigste Technik, um das Innere des Hauses zu bewerten. Jeder Raum wird beurteilt. Hier ist es möglich, die besten Räume zum Schlafen oder Arbeiten zu finden. Wenn die Räume den Idealwerten nicht entsprechen, gibt es eine Fülle von Massnahmen, die es erlauben, diese Energien an die Menschen anzupassen. Die Methode ist sehr umfassend. Profis im klassischen Feng Shui unterscheiden viele Ebenen der Sterninterpretation, die alle ganz spezifische Informationen zum Haus und zu den einzelnen Räumen liefern. Hier können auch sehr viele Lebensthemen gefunden und bearbeitet werden.

Von dieser Technik existieren auch verkürzte Versionen. Die Grundlagen sind bei allen identisch, jedoch werden bei den vereinfachten Varianten einige Interpretationsebenen weggelassen, um die Komplexität dieser Technik zu verringern.

Terminberechnung für wichtige Feng Shui Massnahmen
Zé Rì: Die Wahl von günstigen Zeitpunkten
Fortgeschrittene Anwenderinnen und Anwender des klassischen Feng Shui beherrschen auch eine oder mehrere Methoden, um günstige Termine zu berechnen. Die wichtigste Feng Shui Massnahme sollte zu einem günstigen Zeitpunkt erfolgen, um ihre Wirksamkeit zu erhöhen. Es ist aber auch möglich, persönliche Termine zu rechnen. Dabei handelt es sich um Anlässe, die keinen Feng Shui Bezug haben. Das können Vertragsunterschriften sein, das Absenden von wichtigen Dokumenten, Heirat oder planbare Operationen. Auch hier existieren vereinfachte Methoden. Diese bestehen darin, nur noch die 28 Mondhäuser zur Terminberechnung zu verwenden, wie es auch im Volks-Feng-Shui üblich ist. Klassisch ausgebildete Beraterinnen und Berater beherrschen meistens fortgeschrittenere Techniken.

Chinesische Astrologie
Bā Zì Mìng Lǐ: Die Chinesische Astrologie
Viele Feng Shui Beraterinnen und Berater, die in klassischem Feng Shui ausgebildet sind, haben auch die Astrologie erlernt. Sie ermöglicht es, Massnahmen individuell auf die Personen abzustimmen. Ganz besonders in persönlich genutzten Räumen sollten die Energien auf die Personen abgestimmt werden.
Im Horoskop lassen sich auch aktuelle Lebensthemen erkennen und mit Hilfe von Feng Shui Massnahmen ausgleichen.

B Ergänzungstechniken
Die acht Häuser

Bā Zhái: Die Schule der acht Häuser

Innerhalb des klassischen Feng Shui gibt es unterschiedliche Strömungen. Dies lässt sich gut an der Schule der acht Häuser erkennen. Manche legen ihren Schwerpunkt auf diese Schule, andere mehr auf die Fliegenden Sterne. Die acht Häuser Methode hat den Vorteil, dass sie einfach zu erlernen ist. Die acht Himmelsrichtungen werden in zwei Gruppen, in die Ost- und in die Westgruppe, unterteilt. Dann werden Personen und Gebäude ebenfalls in diese Gruppen eingeteilt. Dort, wo es Übereinstimmung gibt, finden wir gute Energien, dort wo die Gruppen unterschiedlich sind, gibt es disharmonische Energien. Letztlich bleibt es eine Frage der persönlichen Neigung, welcher Methode man mehr Gewicht geben möchte. Es ist aber eindeutig so, dass die Informationen, die eine ausführliche Analyse der fliegenden Sterne liefert, nicht in der Ost-West-Methode gefunden werden können. Somit sind die Sterne die umfassendere und wirksamere Methode.

Die 64 Hexagramme

Xuán Kōng Dà Guà: Die Schule der 64 Hexagramme

Die Schule der 64 Hexagramme eignet sich am besten für Gärten und Neubauten. Sie kennt aber auch viele Anwendungen im Innern des Hauses, weshalb sie natürlich auch hier eingesetzt werden kann. Dies ist eine sehr fortgeschrittene Methode, die nur wenige beherrschen. Für Beratungen bestehender Gebäude ist sie nicht zwingend notwendig.

Beratungen für Gärten:

Ich habe ein Haus und gestalte die dazu passende Landschaft

Der Garten gehört ganz zum Bereich des klassischen Feng Shui. Weder das vereinfachte noch das Volks-Feng-Shui verfügen über die Methoden, Gärten zu planen. Auch klassisch ausgebildete Beraterinnen und Berater besitzen oft nicht die Zusatzqualifikation Gartenplanung. Falls es Ihnen wichtig ist, Ihren Garten mit klassischem Feng Shui planen zu lassen, bestehen Sie auf dieser Zusatzqualifikation.

Denken Sie daran, dass Garten-Feng-Shui von genau eingemessenen Stein- und Wassersetzungen geprägt ist. Die Bepflanzung im Detail gehört nicht dazu. Die energetische Gartenplanung gibt vor, welche Zonen yin (passiv) sind und höhere Pflanzen vertragen, und welche yang (aktiv) sind, in denen möglichst viel Offenheit notwendig ist. Welche Bäume, Büsche und Blumen Sie pflanzen möchten, hängt ganz von Ihrem Geschmack und den Platzverhältnissen ab. Lassen Sie den Bepflanzungsplan vom Gärtner erstellen, nicht von der Feng Shui Beraterin oder dem Berater. Ratschläge, rote Blumen im Süden und blaue im Norden zu setzen, haben nichts mit Feng Shui zu tun. Auch die verbreitete Ansicht, dass man Pflanzen bestimmten Himmelsrichtungen zuordnen kann, gehört nicht zum Feng Shui.

Warum braucht es besondere Methoden für den Garten? Warum kann man die Gartenplanung nicht mit denselben Techniken durchführen, wie sie auch für das Innere des Hauses angewendet werden? Der Grund dafür liegt in der völlig anderen Sichtweise. Im Innern des Hauses haben wir ein Gebäude, dessen Energien wir berechnen können. Im Garten haben wir ein Haus, und gestalten dazu die passende Landschaft. Wir können nicht einfach die Zimmerenergien nach aussen projizieren. Das würde keine guten Resultate zeitigen. Sobald wir eine Landschaft gestalten, benötigen wir die Formeln des Landschafts-Feng-Shui, die mit dem Haus-

Feng-Shui wenig gemeinsam haben. Eine Landschaft ist nun mal kein Gebäude.

Wie läuft eine Gartenplanung nach klassischem Feng Shui ab?

Erste Phase: An einem ersten Besichtigungstermin wird das Gelände besichtigt. Hier sind vor allem die Neigung des Geländes und die Platzverhältnisse für das Gestalten des Gartens von Bedeutung.

Zweite Phase: Nun wird das Layout des Gartens geplant. Es werden Steinsetzungen, Wasserobjekte und die aktiven und ruhigen Gartenbereiche berechnet. An einem zweiten Besuch wird das Konzept erläutert. Danach werden Steinsetzungen und Wasserpunkte gradgenau eingemessen. Bitte achten Sie darauf, dass Sie exakte Angaben zur Lage von Steinen und Wasserpunkten erhalten. Diese müssen von der Feng Shui Fachperson persönlich eingemessen und mit dem Kompass überprüft werden. Die eingemessenen Punkte werden mit einem Pflock markiert, so dass eine genaue Ausführung garantiert ist. Professionelle Feng Shui Beraterinnen und Berater erkennen Sie daran, dass die Stein- und Wassersetzungen gradgenau eingemessen werden. Sie erhalten also nicht nur eine allgemeine Angabe, sondern eine exakte Gradzahl. Ausnahmen bilden grössere Gewässer wie Teiche und Swimming Pools. Diese lassen sich nicht mehr gradgenau einmessen, sondern werden ganz bestimmten, mit den entsprechenden Formeln berechneten Gartenbereichen zugeordnet.

Dritte Phase: Die Feng Shui Fachperson berechnet einen günstigen Termin für den Beginn der Arbeiten. Am einfachsten ist es, wenn ersten Arbeiten durch die Gartenbesitzer selbst durchgeführt werden. Danach werden durch einen Gartenbaubetrieb die Stein- und Wasserobjekte gesetzt sowie das allgemeine Layout umgesetzt.

A San He Feng Shui

Die eine Methode, Gärten zu planen, ist San He. Diese Formeln sind über einen langen Zeitraum entstanden und variieren sehr stark voneinander. Es ist nicht ganz einfach, dieses Feng Shui zu erlernen. Es braucht viel Zeit und Geduld, bis die zahlreichen Berg- und Wasser-Formeln verstanden und auch angewendet werden können.

- Die Formeln der Bergdrachen (Steinsetzungen):
  Es gibt acht verschiedene Formeln für die Bergdrachen, die je nach Gelände zum Einsatz kommen.
- Die Formeln der Wasserdrachen (Wassersetzungen):
  Es gibt elf verschiedene Formeln für die Wasserdrachen, die je nach Gelände zum Einsatz kommen.

B San Yuan Feng Shui

Die San Yuan Schule ist viel jünger als San He. Sie enthält Techniken, die für das Innere des Hauses und für Landschafts-Feng-Shui geeignet sind. Die wichtigsten Formeln für Gärten sind Xuán Kōng Dà Guà und Zhèng Shén Líng Shén. Hier finden wir genaue Angaben, wo Steine und Wasserpunkte im Garten gesetzt werden können. San He und San Yuan eignen sich gleich gut, um Gärten zu planen. Es bleibt damit der Wahl der Beraterinnen und Berater überlassen, mit welcher Technik sie arbeiten möchten.

Ein weitverbreiteter Irrtum ist das Planen von Gärten mit den fliegenden Sternen. Dies ist ein typischer Kunstfehler von ungenügend ausgebildeten Feng Shui Beraterinnen und Beratern. Die fliegenden Sterne eignen sich nicht für Landschafts-Feng-Shui, da sie nur Raumenergien umfassen. Es ist falsch, Landschaften oder Gärten mit Hilfe dieser Technik zu beurteilen. Auch hier sollten Sie als Kundin bzw. Kunde klar Stellung beziehen. Wenn Ihnen klassisches Feng Shui wichtig ist, dann achten Sie auf diesen Punkt. Es ist möglich, die fliegenden Sterne mit den Landschafts-Formeln zu verbinden, aber sie sind niemals die Grundlage für die Gartenplanung.

Beratungen für Neubauten:

Ich habe eine Landschaft und gestalte das dazu passende Haus

Neubauten sind die Paradedisziplin des klassischen Feng Shui. Weder das vereinfachte noch das Volks-Feng-Shui kennen die dafür notwendigen Techniken. Auch klassisch ausgebildete Beraterinnen und Berater verfügen oft nicht über die besondere Qualifikation, Neubauten zu planen. Fragen Sie deshalb ganz gezielt nach dem Ausbildungsstand.

Hier werden dieselben Formeln wie im Garten verwendet, nur umgekehrt. Im Garten war das Motto, ich habe ein Haus und plane die dazu passende Landschaft. Beim Neubau lautet die Formel, ich habe eine Landschaft und plane ein dazu passendes Haus. Die Formeln sind identisch, sie werden nur andersherum gelesen. Beides, Garten- und Neubau-Feng-Shui gehören zur Gruppe des Landschafts-Feng-Shui.

Wie läuft eine Neubauplanung ab?

Erste Phase: Als erstes wird das Gelände beurteilt. Dabei spielen die umgebenden natürlichen und künstlichen Formen eine grosse Rolle. Wo liegen Berge und Hügel, wie verlaufen Strassen oder Gewässer? Gibt es Störformen wie Dachgiebel, Hauskanten, Handyantennen, Masten von Starkstrom-leitungen, usw.?

Sehr wichtig ist auch eine eventuell vorliegende Neigung des Geländes, da diese den Energie-Fluss anzeigt. Der höher gelegene Teil ist yin, der tiefer gelegene yang. Das hat grossen Einfluss auf die Planung des Gebäudes.

Meist wird das Gelände danach radiästhetisch auf Wasseradern und andere Störzonen untersucht. Wenn jemand spirituelles Feng Shui (Kan Yu) anbietet, werden auch energetische und geistige Belastungen (z.B. Wesenheiten) überprüft. Liegen solche Belastungen vor, wird ein Reinigungsritual für das Grundstück vorgeschlagen.

Zweite Phase: Der wichtigste Punkt ist, das Gebäude so auszurichten, dass es in Harmonie mit der Landschaft ist. Ein Hügel, ein Gewässer oder ein bestimmter Strassenverlauf geben eine Energie ab. Das ist wie ein Radiosender. Wenn Ihre bevorzugte Radiostation auf 150 MHz sendet, müssen Sie auf Ihrem Empfangsgerät genau diese 150 MHz einstellen, sonst können Sie den Sender nicht hören. Dasselbe gilt im Landschafts-Feng-Shui. Ihre Beraterin bzw. Ihr Berater misst die Energiequelle mit dem Kompass, um ihre Frequenz festzustellen. Dann werden alle Richtungen berechnet, die auf dieselbe Frequenz eingestellt sind wie die Energiequelle. Das Haus wird dann so ausgerichtet. Heute ist es nicht immer möglich, ein Haus beliebig auf das Grundstück zu stellen. Wenn die Ausrichtung nicht verändert werden kann, dann wird nur die Eingangstüre so gedreht, dass sie die richtige Frequenz aufnehmen kann. Das ist eine gute und wirksame Variante.

Danach wird ein Entwurf des Gebäudes mit einer groben Zimmereinteilung erstellt. Dies wird mit den Formeln für das Innere des Hauses durchgeführt, also mit den acht Häusern oder den fliegenden Sternen. Der Entwurf geht zum Architekturbüro, wo der eigentliche Grundriss geplant wird. Dieser erste Grundriss wird wieder von der Feng Shui Fachperson überprüft. So kann die Planung einige Male hin und her gehen, bis der definitive Grundriss inklusive Ausrichtung feststeht. Bestehen Sie darauf, dass die Richtung der Türe bzw. des Hauses mit San He oder Xuan Kong Da Gua festgelegt wird. Nur diese Methoden garantieren eine harmonische Verbindung zwischen Landschaft und Gebäude.

Dritte Phase: Die Feng Shui Fachperson berechnet einen günstigen Termin für den ersten Spatenstich, der von den Hausbesitzern durchgeführt wird. Danach folgt der Bau des

Hauses. In dieser Zeit erfolgt in der Regel keine Betreuung durch die Feng Shui Fachperson.

Vierte Phase: Die Feng Shui Fachperson berechnet einen günstigen Termin für den Einzug in das neue Haus. Nach dem Einzug wird eine Schlussbesichtigung durchgeführt, an der die Schlaf- und Arbeitsplätze auf Störzonen untersucht werden. Da sich der Verlauf dieser Erdstrahlen durch den Bau verändert, muss hier eine Überprüfung vorgenommen werden. Liegen Belastungen vor, können andere Möbelstellungen oder Schutzmassnahmen erforderlich sein.

Die Planung von Firmengebäuden, Mehrfamilien- und Einfamilienhäusern verläuft genau gleich. Hier gibt es keine Unterschiede in Bezug auf die Methoden. In privaten Gebäuden kann das Yin (Ruhe, Regeneration) etwas mehr betont werden, in gewerblichen mehr das Yang (Aktivität, Leistung).

A San He Feng Shui

Wie schon bei den Gärten erwähnt, kann ein Haus nach San He oder San Yuan geplant werden. Beide Techniken sind gleichwertig. San He ist schwieriger zu erlernen und wird manchmal vom moderneren Xuan Kong Da Gua verdrängt.

-   Die Formeln der Bergdrachen (Abstimmung des Gebäudes auf die Frequenzen von Hügeln):
    Es gibt acht verschiedene Formeln für die Bergdrachen, die je nach Gelände zum Einsatz kommen.
-   Die Formeln der Wasserdrachen (Abstimmung des Gebäudes auf die Frequenzen von Gewässern oder Strassen):
    Es gibt elf verschiedene Formeln für die Wasserdrachen, die je nach Gelände zum Einsatz kommen.

B San Yuan Feng Shui

Die wichtigste Technik ist hier Xuan Kong Da Gua, die unbedingt beherrscht werden muss, falls nicht San He eingesetzt wird. Damit wird das Haus auf Landschaftsmerkmale (Hügel, Gewässer, Strassen) abgestimmt.

Für den Innenausbau können die fliegenden Sterne oder die Methode der acht Häuser verwendet werden.

Fragen an die Feng-Shui-Fachperson

Dieser Fragenkatalog dient Kundinnen und Kunden dazu, die richtige Fachperson zu finden.

1 Wie viele Lektionen umfasst Ihre Feng-Shui-Ausbildung?

□ Unter 100

□ Zwischen 150 und 200

□ Über 200

2 Wie haben Sie die Ausbildung absolviert?

□ Selbststudium

□ Fernkurse

□ Unterricht im Klassenraum

3 Haben Sie ein Zertifikat oder Diplom?

□ Ja

□ Nein

4 Nach welcher Schule arbeiten Sie hauptsächlich?

□ Vereinfachtes Feng Shui nach Lin Yun (Drei-Türen-Ba-Gua)

□ Volks-Feng-Shui (Symbol-Feng-Shui): Geldbaum, Geldkröte, Glückssymbole

□ Klassisches Feng Shui (Formschule, Kompass-Schule, San He oder San Yuan)

□ Mischform

□ Spirituelles Feng Shui (Space Clearing/Aura Clearing)

5 Für Beratungen von bestehenden Gebäuden:
Welche Techniken des klassischen Feng Shui beherrschen Sie?

☐ Formschule (Xing Shi Pai)
☐ Acht Trigramme (Ba Gua)
☐ Fliegende Sterne (Xuan Kong Fei Xing)
☐ Berechnung günstiger Termine (Ze Ri)
☐ Chinesische Astrologie (Ba Zi)
☐ Acht Häuser (Ba Zhai)
☐ Schule der 64 Hexagramme (Xuan Kong Da Gua)

6 Für Neubau- und Gartenberatungen:
Welche Techniken des Landschafts-Feng-Shui beherrschen Sie?

☐ Sān Hé (Wasserdrachen, Bergdrachen)
☐ Xuán Kōng Dà Guà (Schule der 64 Hexagramme)
☐ Zhèng Shén Líng Shén (direkter und indirekter Geist)
☐ Keine

Fragen an das Ausbildungsinstitut

Dieser Fragebogen dient zukünftigen Studentinnen und Studenten die richtige Schule zu finden.

1 Wie viele Lektionen umfasst die Feng-Shui-Ausbildung?

☐ Unter 100

☐ Zwischen 150 und 200

☐ Über 200

2 Wie erfolgt der Unterricht?

☐ Fernkurse

☐ Unterricht im Klassenraum

3 Erteilen Sie ein Zertifikat oder Diplom?

☐ Ja

☐ Nein

4 Welche Methode unterrichten Sie hauptsächlich?

☐ Vereinfachtes Feng Shui nach Lin Yun (Drei-Türen-Ba-Gua)

☐ Volks-Feng-Shui (Symbol-Feng-Shui): Geldbaum, Geldkröte, Glückssymbole

☐ Klassisches Feng Shui (Formschule, Kompass-Schule, San He oder San Yuan)

☐ Mischform

☐ Spirituelles Feng Shui (Space Clearing/Aura Clearing)

5 Welche Techniken des klassischen Feng Shui werden unterrichtet in Bezug auf bestehende Gebäude?

☐ Formschule (Xing Shi Pai)

☐ Acht Trigramme (Ba Gua)

☐ Fliegende Sterne (Xuan Kong Fei Xing)

☐ Berechnung günstiger Termine (Ze Ri)

☐ Chinesische Astrologie (Ba Zi)

☐ Acht Häuser (Ba Zhai)

☐ Schule der 64 Hexagramme (Xuan Kong Da Gua)

6 Welche Techniken des klassischen Feng Shui werden unterrichtet in Bezug auf Gärten und Neubauten?

☐ Sān Hé (Wasserdrachen, Bergdrachen)

☐ Xuán Kōng Dà Guà (Schule der 64 Hexagramme)

☐ Zhèng Shén Líng Shén (direkter und indirekter Geist)

☐ Keine